Género Obra de teatro

¿? Pregunta esencial

¿Cómo podemos disfrutar la naturaleza?

Verano en el bosque

Virginia Segret Mouro
ilustrado por Akiko Takashima

Personajes

- Mamá
- Papá
- Leticia (la hija)
- Alberto (el hijo)

Escena 1 ¡A pasear!

Una casa de campo y un largo camino de tierra

Mamá: Es una linda tarde de verano, niños. ¿Quieren salir?

Alberto: ¡Sí! ¡Hay que divertirse!

Leticia: ¿Y qué podemos hacer?

Papá: ¡Vamos a dar un paseo!

Alberto: ¿Por qué no vamos a la alameda?

Leticia: ¡Sí! ¡Vayamos en bicicleta!

Papá: Buena idea, hija.

Mamá: ¡Será una tarde hermosa!

Mamá: ¿Están listos, niños?

Leticia: ¡Sí! ¿Tendremos sed en el camino?

Papá: No se preocupen. Llevaremos una botella de agua.

Leticia: Hay que pedalear
con constancia.

Alberto: ¿Podremos descansar en
el camino?

Mamá: Sí, hijo. Tomaremos
un refresco en la espesura de
la alameda.

Alberto: ¡Qué bueno!

Escena 2 ¡Llegamos al río!

Un verde y florido prado junto al río

Alberto: ¡Mira, Leticia, qué río tan bello hemos hallado!

Mamá: Es una escena muy linda. Niños, aquí tienen agua. Tenemos agua fresca para beber.

Leticia: ¡Oh, qué hermosas son estas flores silvestres! Haré un ramo para ti, mamá.

AHORA COMPRUEBA

¿Para quién son las flores que recoge Leticia?

Mamá: Ten cuidado con los tallos de las flores, hija. Pueden quebrarse.

Leticia: ¡Miren qué colores tan bellos tienen estas flores!

Papá: La naturaleza hace las cosas con mucha sabiduría. Y nosotros podemos disfrutarlas.

Alberto: Mamá estará muy feliz con tu ramo, Leticia.

Leticia: Sí, a mamá le gustan las flores. En casa siempre hay flores por todos lados.

Escena 3 Juegos en el bosque

Un claro con árboles frutales junto al río

Papá: Miren, niños. Esta cuerda estaba aquí, junto al árbol. Haremos un columpio. Lo colgaremos de esta rama que parece bien fuerte.

Alberto: ¡Qué buena idea has tenido! ¡Ven, Leticia, esto está divertido!

Detective del lenguaje	El verbo que está subrayado, ¿está conjugado en tiempo pretérito o en presente?

Papá: Yo sostengo la cuerda, niños. Así podrán jugar y no se lastimarán.

Leticia: ¡Ven, Alberto, vamos a jugar juntos!

AHORA COMPRUEBA

¿Qué hace el papá para que los niños jueguen?

Mamá: ¡Miren allí! Recogeremos algunas frutas de esos árboles. ¡Algo más que nos regala la naturaleza!

Leticia: Las peras se ven muy buenas. Seguro que están deliciosas.

Alberto: ¡Ven, Leticia, vamos a recoger manzanas! Así la abuela podrá hacer el pastel de fruta que tanto nos gusta.

Detective del lenguaje	El verbo que está subrayado, ¿está conjugado en tiempo presente o en pretérito?

Escena 4 Una merienda muy especial

Un claro con árboles frutales

Papá: Vengan, niños. ¿Quieren comer una manzana?

Alberto: ¡Sí! ¡Qué buena merienda!

Mamá: Las frutas son muy buenas para nuestra salud.

Leticia: ¡Sí, qué rico! ¡Tengo hambre!

Alberto: ¿Podemos recoger más frutas para llevar a casa?

Papá: Sí, recoge muchas manzanas y también algunas ciruelas.

Mamá: La abuela Marta hará un buen dulce de ciruelas.

Leticia: ¿Quién cuida estos árboles frutales, mamá?

Mamá: Pues nadie, hija. Crecen aquí en medio del bosque.

Alberto: Y no solo a nosotros nos gustan las frutas.

Leticia: Sí, ese pajarito está esperando su merienda.

Papá: Las frutas representan buena parte de su alimento.

AHORA COMPRUEBA

¿Por qué la familia quiere recoger ciruelas?

Mamá: ¡Qué hermosa tarde hemos pasado al aire libre!

Alberto: Has tenido una idea genial, mami.

Leticia: Pues a mí me gustó mucho la merienda.

Papá: Hemos disfrutado de un hermoso paseo. ¡Tendremos que repetirlo!

Leticia y Alberto: ¡Sííííí!

Respuesta a la lectura

Resumir

Usa detalles del cuento para resumir *Verano en el bosque*.

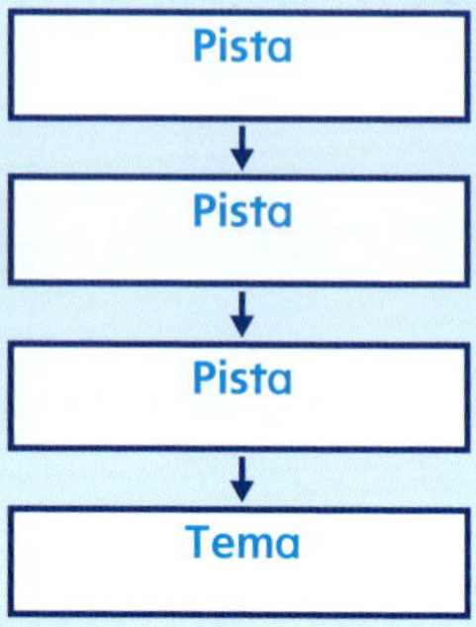

Evidencia en el texto

1. ¿Cómo sabes que *Verano en el bosque* es una obra de teatro? **Género**

2. ¿Qué hacen Alberto, Leticia y sus papás en el bosque? **Tema**

3. ¿Cuál es la raíz de la palabra *frutales* en la página 14?

   Raíces de palabras

4. Escribe sobre cómo se divierten Alberto, Leticia y sus papás.

   Escribir sobre la lectura

Género Cuento folclórico

Compara los textos
Lee para descubrir por qué el maíz tiene seda.

Por qué el maíz tiene seda

Tiempo atrás, un hombre vivía solo. Cultivaba su propia comida. Estaba preocupado porque no sabía si la comida le alcanzaría para el invierno. Un día, una mujer llegó al lugar.

Illustration: Jeff Crosby

La mujer quería ayudarlo. Le dijo que frotara dos ramas. Así, podría hacer fuego. Le contó que las semillas crecían mejor en el suelo quemado. Luego, le pidió que la cargara a través del campo.

Así lo hizo. El cabello largo y dorado de la mujer tocó el suelo. Cuando el maíz maduró, el cabello de la mujer era la seda del maíz. El hombre observó las semejanzas. Así es como el maíz tiene seda.

Haz conexiones

¿Cómo se explica que el maíz tenga seda? **Pregunta esencial**

¿Qué explican los dos textos acerca de la naturaleza? **El texto y otros textos**

Illustration: Jeff Crosby

Enfoque:

Elementos literarios

Tema El tema es el mensaje que nos transmite un cuento o una obra de teatro.

Lee y descubre En la obra de teatro, el autor cuenta que dos niños disfrutan de la naturaleza paseando con sus padres al aire libre. ¿Por qué deciden pasear al aire libre? ¿Cómo disfrutan de la naturaleza? ¿Cuál es el mensaje?

Tu turno

Escribe una obra de teatro acerca de una excursión a la selva. Haz una lista de los detalles que incluirías. Incluye qué animales te gustaría ver.